INTRODUÇÃO

Você deseja se tornar rico e não sabe por onde começar? Você está cansado de trabalhar duro e não ver seu dinheiro render como deveria? Você está preocupado com seu futuro financeiro e quer aprender a administrar melhor suas finanças? Então este livro é para você.

Em "Como Enriquecer: Aprenda a Fazer Seu Dinheiro Render", vamos explorar as estratégias e técnicas que você precisa para construir uma base financeira sólida, investir com sabedoria e criar um futuro financeiro seguro. Aprenderemos a importância de mudar sua mentalidade para a riqueza, como poupar e investir, como gerenciar dívidas e evitar armadilhas financeiras, como ganhar mais dinheiro no trabalho e como fazer dinheiro com seus hobbies e habilidades.

Este livro é projetado para ajudá-lo a alcançar seus objetivos financeiros de longo prazo, independentemente de suas circunstâncias atuais. Com a informação certa e as ferramentas certas, qualquer pessoa pode aprender a fazer seu dinheiro trabalhar para eles e alcançar a liberdade financeira.

CAPÍTULO 1: COMPREENDENDO A MENTALIDADE DA RIQUEZA

O primeiro passo para se tornar rico é mudar sua mentalidade. Se você está preso na mentalidade da escassez, acredita que nunca terá dinheiro suficiente ou que nunca poderá se dar ao luxo de ter o que deseja, é hora de mudar sua perspectiva.

A mentalidade da riqueza é sobre acreditar que você merece ter abundância em sua vida, que é capaz de criar riqueza e que pode ter tudo o que deseja se trabalhar duro o suficiente. É sobre acreditar que o dinheiro é uma ferramenta para alcançar seus objetivos, não um obstáculo.

Mas mudar sua mentalidade não é fácil. É preciso enfrentar seus medos e crenças limitantes, e muitas vezes é necessário reprogramar sua mente para pensar de maneira diferente. Neste capítulo, vamos explorar as etapas necessárias para mudar sua mentalidade e começar a pensar como um milionário. Vamos discutir a importância de visualizar seus objetivos e de criar afirmações positivas para treinar sua mente para pensar em termos de abundância.

Além disso, é importante entender que a riqueza não é apenas sobre dinheiro. É também sobre ter saúde, felicidade, amor e sucesso em todas as áreas da sua vida. A mentalidade da riqueza envolve equilibrar esses aspectos e buscar o sucesso completo.

Outro ponto importante é estudar e aprender com pessoas bem-sucedidas em finanças. É preciso entender suas estratégias, seus hábitos e seus pensamentos sobre dinheiro. Ler livros, ouvir podcasts e assistir a vídeos de especialistas pode ajudar a mudar sua mentalidade e aprimorar seu conhecimento financeiro.

Em resumo, mudar sua mentalidade é o primeiro passo para alcançar a riqueza. É preciso acreditar que é possível, visualizar seus objetivos, criar afirmações positivas e aprender com pessoas bem-sucedidas. Com uma mentalidade voltada para a riqueza, você estará pronto para construir sua base financeira sólida e alcançar a liberdade financeira.

CAPÍTULO 2: CONSTRUINDO UMA BASE FINANCEIRA SÓLIDA

Antes de começar a investir seu dinheiro, é importante ter uma base financeira sólida. Isso significa ter um orçamento claro, sem dívidas e uma reserva financeira para emergências.

No Capítulo 2, vamos explorar as etapas para criar uma base financeira sólida. Vamos discutir como fazer um orçamento, controlar seus gastos e eliminar dívidas. Vamos falar sobre a importância de ter uma reserva financeira para emergências e como construir uma.

Também vamos discutir a diferença entre dívidas boas e dívidas ruins. Algumas dívidas, como hipotecas ou empréstimos estudantis, podem ser consideradas boas dívidas, pois ajudam a construir patrimônio ou investir em sua educação. No entanto, outras dívidas, como cartões de crédito ou empréstimos pessoais, são consideradas dívidas ruins, pois geralmente têm altas taxas de juros e não têm valor a longo prazo.

Por fim, vamos discutir como criar uma mentalidade voltada para economia e frugalidade. Aprender a viver abaixo de suas possibilidades e economizar dinheiro pode ajudar a construir sua base financeira sólida e colocá-lo no caminho para a liberdade financeira.

Com uma base financeira sólida, você estará pronto para começar a investir seu dinheiro de maneira inteligente. No Capítulo 3, vamos explorar a importância de poupar e investir e as etapas necessárias para começar.

CAPÍTULO 3:
POUPANÇA E
INVESTIMENTO

Quando se trata de construir riqueza, poupança e investimento são fundamentais. No Capítulo 3, vamos explorar a importância dessas duas atividades e as etapas necessárias para começar.

Vamos começar falando sobre a importância de poupar dinheiro. Poupar significa colocar dinheiro de lado para um objetivo específico, como um investimento futuro ou uma compra importante. É importante ter uma ideia clara de suas metas financeiras para que possa criar um plano de poupança.

Uma das maneiras mais fáceis de começar a poupar dinheiro é criar um orçamento claro e identificar áreas em que você pode reduzir seus gastos. Depois de identificar essas áreas, coloque o dinheiro economizado em uma conta separada e designe-o para suas metas financeiras.

O próximo passo é aprender sobre investimentos. Investir significa colocar seu dinheiro em uma variedade de veículos financeiros, como ações, títulos e imóveis, com o objetivo de aumentar sua riqueza ao longo do tempo. É importante entender os diferentes tipos de investimentos e os riscos e benefícios associados a cada um.

Uma das maneiras mais simples de começar a investir é abrir uma conta de corretagem e comprar ações de empresas que você conhece e confia. No entanto, é importante ter em mente que investir sempre envolve riscos, e é importante ter uma estratégia clara e diversificar seus investimentos para minimizar esses riscos.

Finalmente, vamos discutir a importância de manter-se atualizado sobre o mercado financeiro e estar disposto a fazer ajustes em sua estratégia de investimento, se necessário. O mercado financeiro é volátil e pode mudar rapidamente, então é importante estar preparado para essas mudanças.

Com uma combinação de poupança e investimento, você pode começar a construir sua riqueza e alcançar a liberdade financeira. No Capítulo 4, vamos discutir a importância de ter uma mentalidade empreendedora e explorar as oportunidades de negócios para criar ainda mais riqueza.

CAPÍTULO 4: MENTALIDADE EMPREENDEDORA E OPORTUNIDADES DE NEGÓCIOS

Uma mentalidade empreendedora pode ser um grande trunfo quando se trata de construir riqueza. No Capítulo 4, vamos explorar o que é uma mentalidade empreendedora e como ela pode ser aplicada para encontrar oportunidades de negócios que podem levar a um aumento de riqueza.

Uma mentalidade empreendedora é caracterizada por uma série de traços, incluindo a capacidade de identificar oportunidades, ser proativo, assumir riscos calculados e ter uma paixão pelo que se faz. Se você tem esses traços, pode considerar iniciar seu próprio negócio como uma maneira de construir sua riqueza.

Antes de começar, é importante fazer uma pesquisa cuidadosa e avaliar o mercado para ter certeza de que sua ideia de negócio é viável. Isso inclui analisar seus concorrentes, identificar as necessidades do mercado e definir claramente sua proposta de valor única.

Uma vez que você tenha uma ideia clara do que deseja fazer, é importante criar um plano de negócios detalhado que inclua todos os aspectos do seu negócio, desde os custos iniciais até as estratégias de marketing e vendas. Um bom plano de negócios pode ajudá-lo a garantir financiamento e orientar suas atividades empresariais.

Além de iniciar seu próprio negócio, existem outras oportunidades de negócios que você pode considerar para construir sua riqueza. Por exemplo, você pode considerar investir em imóveis ou empreendimentos imobiliários, que podem gerar uma renda passiva ao longo do tempo.

Também é importante estar aberto a oportunidades de negócios que possam surgir no mercado. Isso pode incluir parcerias com outras empresas, investimentos em novas tecnologias ou até mesmo a expansão para novos mercados.

Com uma mentalidade empreendedora e um olhar atento para as oportunidades de negócios, você pode encontrar maneiras de construir sua riqueza e alcançar seus objetivos financeiros. No Capítulo 5, vamos explorar o poder do networking e como ele pode ajudá-lo a criar conexões valiosas que podem levar a oportunidades de negócios.

CAPÍTULO 5: NETWORKING E OPORTUNIDADES DE NEGÓCIOS

O networking é uma das ferramentas mais poderosas que você pode usar para encontrar oportunidades de negócios e construir sua riqueza. No Capítulo 5, vamos explorar como construir uma rede sólida e eficaz de conexões profissionais que podem levar a oportunidades de negócios valiosas.

Uma rede sólida começa com a identificação de seus objetivos e a definição clara de sua proposta de valor única. Ao saber o que você tem a oferecer e o que está procurando, você pode identificar pessoas que podem ajudá-lo a alcançar seus objetivos financeiros.

Uma vez que você tenha identificado seus objetivos, é importante construir sua rede de conexões, que pode incluir colegas de trabalho, parceiros de negócios, clientes, mentores e outros profissionais em sua área de atuação. Uma maneira eficaz de fazer isso é participar de eventos de networking, conferências e feiras do setor para conhecer novas pessoas e construir relacionamentos valiosos.

Ao construir sua rede de conexões, é importante manter o foco em sua proposta de valor única e como você pode ajudar as outras pessoas em sua rede. Ao ser útil e prestativo, você pode criar relacionamentos duradouros que podem levar a oportunidades de negócios no futuro.

Além de construir sua rede, também é importante manter contato com as pessoas em sua rede existente. Isso pode incluir enviar um e-mail de vez em quando para manter contato ou convidar alguém para um café para discutir ideias de negócios.

Com uma rede sólida de conexões profissionais, você pode encontrar oportunidades de negócios valiosas que podem levar a um aumento de riqueza. No Capítulo 6, vamos explorar o poder da educação financeira e como ela pode ajudá-lo a alcançar seus objetivos financeiros a longo prazo.

CAPÍTULO 6: EDUCAÇÃO FINANCEIRA

A educação financeira é fundamental para alcançar seus objetivos financeiros a longo prazo. No Capítulo 6, vamos explorar como você pode desenvolver sua inteligência financeira para gerenciar melhor suas finanças e construir sua riqueza.

Uma das primeiras etapas na educação financeira é entender seus gastos e receitas e criar um orçamento. Ao rastrear seus gastos e receitas, você pode identificar áreas em que pode economizar e criar um plano para alcançar seus objetivos financeiros.

Além disso, é importante entender conceitos financeiros básicos, como juros compostos, impostos, investimentos e dívidas. Compreender esses conceitos pode ajudá-lo a tomar decisões financeiras informadas e a gerenciar melhor suas finanças.

Outra maneira de desenvolver sua educação financeira é ler livros e artigos sobre finanças pessoais e investimentos. Existem muitos recursos disponíveis para ajudá-lo a aprender sobre diferentes aspectos das finanças pessoais e investimentos, desde livros clássicos como "Pai Rico, Pai Pobre" de Robert Kiyosaki até blogs financeiros e canais do YouTube.

Finalmente, é importante buscar aconselhamento profissional quando necessário. Consultores financeiros, planejadores financeiros e contadores podem fornecer orientação valiosa sobre investimentos, planejamento fiscal e gerenciamento de dívidas.

Com uma educação financeira sólida, você pode tomar decisões financeiras informadas e alcançar seus objetivos financeiros a longo prazo. No Capítulo 7, vamos explorar diferentes estratégias de investimento que podem ajudá-lo a construir sua riqueza ao longo do tempo.

CAPÍTULO 7: ESTRATÉGIAS DE INVESTIMENTO

Investir é uma das maneiras mais eficazes de construir sua riqueza ao longo do tempo. No Capítulo 7, vamos explorar diferentes estratégias de investimento que você pode considerar para alcançar seus objetivos financeiros a longo prazo.

Uma das estratégias de investimento mais comuns é investir em ações. As ações representam uma participação em uma empresa e podem oferecer retornos significativos a longo prazo. No entanto, investir em ações também envolve riscos, e é importante entender como avaliar as empresas e seus desempenhos antes de investir.

Outra estratégia de investimento popular é investir em fundos mútuos ou fundos negociados em bolsa (ETFs). Esses fundos permitem que você invista em uma variedade de ações ou outros ativos com um único investimento. Isso pode ajudar a diversificar seu portfólio e reduzir o risco.

Além disso, você pode considerar investir em títulos ou imóveis. Os títulos são empréstimos a governos ou empresas que pagam juros aos investidores, enquanto os imóveis podem oferecer retornos significativos através do aluguel e da valorização do imóvel.

No entanto, é importante lembrar que qualquer estratégia de investimento envolve riscos e não há garantias de que você obterá retornos positivos. É importante avaliar seus objetivos financeiros, tolerância ao risco e horizonte de tempo ao escolher uma estratégia de investimento.

Finalmente, é importante revisar seu portfólio de investimentos regularmente e ajustá-lo conforme necessário para garantir que atenda aos seus objetivos financeiros em constante mudança.

Com a estratégia de investimento certa, você pode construir sua riqueza e alcançar seus objetivos financeiros a longo prazo. No Capítulo 8, vamos explorar diferentes formas de ganhar dinheiro extra para aumentar sua renda e acelerar seu caminho para a riqueza.

CAPÍTULO 8: MANEIRAS DE GANHAR DINHEIRO EXTRA

Para alcançar seus objetivos financeiros mais rapidamente, pode ser útil encontrar maneiras de aumentar sua renda. No Capítulo 8, vamos explorar diferentes maneiras de ganhar dinheiro extra e acelerar seu caminho para a riqueza.

Uma maneira popular de ganhar dinheiro extra é começar um negócio próprio. Isso pode variar desde uma loja online até um negócio físico com uma localização física. Antes de começar um negócio próprio, é importante realizar uma pesquisa de mercado para entender a demanda pelo seu produto ou serviço e avaliar a concorrência.

Outra maneira de ganhar dinheiro extra é através de freelancing ou trabalho autônomo. Isso pode incluir uma variedade de habilidades, como redação, design gráfico, programação ou consultoria. Sites como o Upwork e o Freelancer podem conectar você com clientes em potencial em todo o mundo.

Além disso, você pode considerar trabalhar meio período ou fazer horas extras no seu emprego atual. Isso pode ajudar a aumentar sua renda e acelerar seu caminho para a riqueza.

Por fim, você pode considerar investir em imóveis para obter renda passiva através do aluguel. Isso pode envolver comprar um imóvel para alugar ou investir em um fundo imobiliário.

É importante lembrar que, embora ganhar dinheiro extra possa acelerar seu caminho para a riqueza, é igualmente importante controlar seus gastos e garantir que você esteja economizando e investindo seu dinheiro com sabedoria.

No Capítulo 9, vamos explorar como planejar para a aposentadoria e garantir sua segurança financeira no futuro.

CAPÍTULO 9: PLANEJANDO PARA A APOSENTADORIA

Planejar para a aposentadoria é uma das coisas mais importantes que você pode fazer para garantir sua segurança financeira no futuro. Neste capítulo, vamos explorar diferentes maneiras de planejar para a aposentadoria e garantir que você tenha recursos suficientes para desfrutar de uma vida confortável após deixar o mercado de trabalho.

O primeiro passo para planejar para a aposentadoria é definir seus objetivos financeiros para o futuro. Isso pode incluir o estilo de vida que você deseja ter após se aposentar e quanto dinheiro você precisará para alcançá-lo. É importante ser realista sobre suas metas e considerar fatores como a inflação e o aumento do custo de vida.

Uma vez que você tenha definido seus objetivos financeiros, é importante começar a economizar e investir para a aposentadoria o mais cedo possível. Quanto mais cedo você começar a economizar e investir, mais tempo seu dinheiro terá para crescer e se multiplicar. Você pode considerar opções de investimento como contas de aposentadoria individuais (IRAs) ou 401 (k) s patrocinados pelo empregador.

Também é importante avaliar suas opções de aposentadoria, como pensões ou benefícios de seguridade social, para garantir que você esteja maximizando seus recursos e benefícios disponíveis.

Além disso, você pode considerar trabalhar com um consultor financeiro para ajudá-lo a criar um plano de aposentadoria personalizado e maximizar seus investimentos. Um consultor financeiro pode ajudá-lo a entender suas opções de investimento e criar um plano que atenda às suas necessidades e objetivos financeiros.

Por fim, é importante revisar e ajustar regularmente seu plano de aposentadoria para garantir que você esteja no caminho certo para alcançar seus objetivos financeiros. Com planejamento e disciplina financeira, você pode garantir uma aposentadoria confortável e segura.

No Capítulo 10, vamos explorar como gerenciar suas dívidas e créditos para garantir uma saúde financeira sólida.

CAPÍTULO 10: GERENCIANDO DÍVIDAS E CRÉDITOS

O gerenciamento de dívidas e créditos é um aspecto fundamental de uma saúde financeira sólida. Neste capítulo, vamos discutir estratégias para gerenciar suas dívidas e créditos e garantir que você esteja no caminho certo para alcançar seus objetivos financeiros.

O primeiro passo para gerenciar suas dívidas é entender exatamente o que você deve e para quem. Você deve fazer uma lista de todas as suas dívidas e priorizá-las com base na taxa de juros e no saldo. Isso ajudará você a entender quais dívidas são mais urgentes e exigem mais atenção.

Uma vez que você tenha uma compreensão clara de suas dívidas, é importante criar um plano para pagá-las. Você pode considerar estratégias como a dívida da bola de neve, onde você prioriza pagar as dívidas menores primeiro, ou a dívida do floco de neve, onde você prioriza pagar as dívidas com as maiores taxas de juros primeiro.

Também é importante monitorar sua pontuação de crédito e garantir que você esteja tomando medidas para melhorá-la. Isso pode incluir coisas como pagar suas dívidas em dia, manter seus saldos de cartão de crédito baixos e evitar abrir muitas contas de crédito ao mesmo tempo.

Além disso, você pode considerar trabalhar com um conselheiro de crédito para ajudá-lo a criar um plano para gerenciar suas dívidas e créditos. Um conselheiro de crédito pode oferecer conselhos e recursos valiosos para ajudá-lo a melhorar sua saúde financeira e gerenciar suas dívidas de maneira eficaz.

Por fim, é importante lembrar que gerenciar suas dívidas e créditos é um processo contínuo. É importante revisar regularmente suas dívidas e créditos e fazer ajustes conforme necessário para garantir que você esteja no caminho certo para alcançar seus objetivos financeiros.

No Capítulo 11, vamos discutir como proteger seus ativos e recursos financeiros por meio de seguro.

CAPÍTULO 11: PROTEGENDO SEUS ATIVOS COM SEGURO

O seguro é uma parte importante de uma estratégia financeira sólida. Ele pode ajudar a proteger seus ativos e recursos financeiros em caso de imprevistos, como doenças, acidentes ou danos à propriedade. Neste capítulo, vamos discutir os diferentes tipos de seguro disponíveis e como escolher o melhor plano para suas necessidades.

O seguro de saúde é um dos tipos mais comuns de seguro. Ele pode ajudar a cobrir os custos associados a cuidados médicos, incluindo visitas ao médico, tratamentos e medicamentos. É importante escolher um plano que ofereça cobertura adequada para suas necessidades médicas específicas, bem como um prêmio acessível.

O seguro de vida é outro tipo de seguro que pode ajudar a proteger sua família em caso de sua morte. Ele pode ajudar a garantir que seus entes queridos tenham recursos financeiros para cobrir despesas, como funeral, dívidas e despesas cotidianas. Ao escolher um plano de seguro de vida, é importante considerar fatores como seu estado de saúde, idade e número de dependentes.

O seguro de automóvel é outro tipo comum de seguro que pode ajudar a proteger seus ativos financeiros. Ele pode ajudar a cobrir os custos associados a acidentes de carro, incluindo danos à propriedade e lesões pessoais. Ao escolher um plano de seguro de automóvel, é importante considerar fatores como sua idade, histórico de direção e tipo de veículo.

Além desses tipos comuns de seguro, existem muitos outros disponíveis, como seguro residencial, seguro de invalidez e seguro de responsabilidade civil. É importante considerar quais tipos de cobertura são mais importantes para você e sua situação financeira específica.

Ao escolher um plano de seguro, também é importante considerar o custo e o valor da cobertura oferecida. Você deve comparar as opções de seguro disponíveis e escolher um plano que ofereça cobertura adequada a um preço acessível.

Lembre-se de que o seguro é uma parte importante de uma estratégia financeira sólida. Ao proteger seus ativos e recursos financeiros com seguro, você pode ajudar a garantir sua estabilidade financeira a longo prazo. No Capítulo 12, vamos discutir estratégias para investir em sua educação financeira e aumentar seus recursos financeiros.

CAPÍTULO 12: INVESTINDO EM SUA EDUCAÇÃO FINANCEIRA

Investir em sua educação financeira é uma parte importante de uma estratégia financeira sólida. Isso envolve aprender sobre conceitos financeiros básicos, como orçamento, poupança, investimento e gerenciamento de dívidas. Neste capítulo, vamos discutir algumas maneiras de investir em sua educação financeira e aumentar seus recursos financeiros.

Uma das melhores maneiras de investir em sua educação financeira é por meio de leitura e pesquisa. Existem muitos livros e recursos disponíveis sobre finanças pessoais, investimento e planejamento financeiro. Ao ler esses recursos, você pode aprender sobre conceitos importantes e obter ideias para melhorar suas finanças pessoais.

Outra maneira de investir em sua educação financeira é participando de cursos de finanças pessoais ou workshops. Esses cursos são oferecidos em muitas comunidades e podem ajudá-lo a aprender habilidades práticas, como criar um orçamento, gerenciar sua dívida e investir seu dinheiro de forma inteligente.

Também é importante considerar trabalhar

com um consultor financeiro. Um consultor financeiro pode ajudá-lo a desenvolver um plano financeiro personalizado com base em suas necessidades e objetivos específicos. Eles podem ajudá-lo a criar um plano para economizar dinheiro, investir seus ativos e gerenciar sua dívida de maneira eficaz.

Por fim, participar de grupos de finanças pessoais ou se envolver em fóruns de discussão on-line pode ser uma ótima maneira de aprender com outras pessoas que estão trabalhando para melhorar suas finanças pessoais. Esses grupos podem fornecer suporte e inspiração para ajudá-lo a alcançar seus objetivos financeiros.

Investir em sua educação financeira pode ajudá-lo a aumentar seus recursos financeiros a longo prazo. Ao aprender habilidades importantes de finanças pessoais e investimento, você pode tomar melhores decisões financeiras e trabalhar para alcançar seus objetivos financeiros a longo prazo. No Capítulo 13, vamos discutir estratégias para reduzir sua dívida e melhorar sua saúde financeira.

CAPÍTULO 13: REDUZINDO SUA DÍVIDA E MELHORANDO SUA SAÚDE FINANCEIRA

A dívida pode ser um fardo financeiro significativo que pode afetar sua saúde financeira a longo prazo. Neste capítulo, vamos discutir estratégias para ajudá-lo a reduzir sua dívida e melhorar sua saúde financeira.

A primeira etapa para reduzir sua dívida é avaliar suas despesas e criar um orçamento. Ao entender seus gastos e identificar áreas onde você pode economizar dinheiro, você pode usar esses recursos extras para pagar sua dívida mais rapidamente. É importante também identificar dívidas de alta taxa de juros e priorizá-las para pagar primeiro.

Outra estratégia eficaz é consolidar sua dívida em um empréstimo com uma taxa de juros mais baixa. Isso pode ajudá-lo a economizar dinheiro em juros e tornar seus pagamentos mais gerenciáveis. No entanto, é importante lembrar que a consolidação da dívida pode não ser adequada para todos e é importante considerar cuidadosamente os prós e contras antes de tomar uma decisão.

Uma terceira estratégia é negociar com seus credores para reduzir seus pagamentos ou estender seus prazos de pagamento. Muitas vezes, os credores estão dispostos a trabalhar com você se você entrar em contato com eles antecipadamente e discutir sua situação financeira. Você também pode considerar aconselhamento de crédito ou serviços de liquidação de dívidas para ajudá-lo a reduzir seus pagamentos de dívida.

Por fim, é importante lembrar que a redução da dívida pode levar tempo e exigir paciência e perseverança. Mas, com uma estratégia clara e comprometimento, você pode trabalhar para melhorar sua saúde financeira a longo prazo.

No Capítulo 14, vamos discutir estratégias para investir seu dinheiro de forma inteligente e trabalhar em direção a seus objetivos financeiros a longo prazo.

CAPÍTULO 14: INVESTINDO PARA O FUTURO

Investir dinheiro pode ser uma maneira eficaz de alcançar seus objetivos financeiros a longo prazo. Neste capítulo, vamos discutir estratégias para ajudá-lo a investir seu dinheiro de forma inteligente e trabalhar em direção a seus objetivos financeiros a longo prazo.

A primeira etapa para investir é definir seus objetivos financeiros. Você pode querer economizar para a aposentadoria, comprar uma casa ou carro, ou investir em sua educação. Ao definir seus objetivos financeiros, você pode determinar seu prazo de investimento e tolerância ao risco.

A segunda etapa é escolher a melhor estratégia de investimento para alcançar seus objetivos. Isso pode envolver investir em ações, títulos, fundos mútuos ou imóveis. É importante lembrar que cada tipo de investimento tem seu próprio nível de risco e potencial de retorno. É importante também diversificar seus investimentos para reduzir o risco.

A terceira etapa é monitorar regularmente seus investimentos e ajustar sua estratégia de acordo com suas necessidades e objetivos financeiros. Isso pode incluir a venda de investimentos de baixo desempenho ou a alocação de mais recursos para investimentos de alto desempenho.

Por fim, é importante lembrar que o investimento pode ser uma jornada de longo prazo e exige paciência e disciplina. Ao seguir uma estratégia de investimento clara e consistente, você pode trabalhar em direção a seus objetivos financeiros a longo prazo.

No Capítulo 15, vamos discutir a importância de ter uma mentalidade positiva em relação ao dinheiro e como isso pode ajudá-lo a alcançar seus objetivos financeiros.

CAPÍTULO 15: MENTALIDADE POSITIVA EM RELAÇÃO AO DINHEIRO

Sua mentalidade em relação ao dinheiro pode ter um impacto significativo em suas finanças pessoais. Neste capítulo, vamos explorar a importância de ter uma mentalidade positiva em relação ao dinheiro e como isso pode ajudá-lo a alcançar seus objetivos financeiros.

Uma mentalidade positiva em relação ao dinheiro envolve acreditar que você é capaz de alcançar seus objetivos financeiros e que o dinheiro é uma ferramenta para ajudá-lo a alcançá-los. É importante evitar crenças limitantes, como "dinheiro é a raiz de todo mal" ou "só as pessoas ricas podem ter sucesso financeiro".

Uma maneira de desenvolver uma mentalidade positiva em relação ao dinheiro é mudar sua perspectiva sobre as finanças pessoais. Em vez de pensar em dinheiro como algo que você precisa ganhar e economizar, pense em dinheiro como uma forma de criar oportunidades e alcançar seus objetivos.

Outra maneira de desenvolver uma mentalidade positiva em relação ao dinheiro é se concentrar no progresso em vez da perfeição. Em vez de se preocupar com quantos dinheiro você tem agora, concentre-se em tomar medidas para melhorar suas finanças pessoais a longo prazo.

Finalmente, lembre-se de que o dinheiro não é o único fator que contribui para uma vida financeira bem-sucedida. Ter relações saudáveis, hobbies e um senso de propósito também são importantes para a felicidade e bem-estar financeiro.

Ao adotar uma mentalidade positiva em relação ao dinheiro, você pode ter mais confiança em suas finanças pessoais e trabalhar em direção a seus objetivos financeiros com mais determinação e motivação.

CONCLUSÃO

Este livro forneceu uma visão geral de várias áreas importantes de finanças pessoais, incluindo orçamento, economia, crédito, poupança, investimento e mentalidade. Ao aplicar as estratégias e dicas discutidas neste livro, você pode melhorar sua situação financeira pessoal e trabalhar em direção a seus objetivos financeiros a longo prazo.

Lembre-se de que as finanças pessoais são uma jornada contínua e requerem comprometimento e disciplina a longo prazo. Com uma abordagem estratégica e consistente, você pode alcançar a estabilidade financeira e a paz de espírito que vem com isso.